MAZEL TOV!

Music For A Jewish Wedding
and other joyous occasions

Edited and Arranged by
VELVEL PASTERNAK

tara publi[illegible]
CEDARHURST,

Cover art: Saul Raskin

ISBN 0-933676-36-0

Printed in the United States of America

CONTENTS

THE WEDDING CEREMONY

The following is an outline for the traditional Jewish wedding ceremony.

The cantor walks down the aisle singing the *Ma Tovu*. The most common keys are E F and G. Accompaniment is the I IV V chords.

After the groom reaches the canopy, the cantor recites the *Baruch Haba*. Ad lib major chords I IV V.

After the bride reaches the canopy, she circles the groom seven times. The processional melody should be continued until the bride has finished the circles and is standing in her place before the groom.

The reading of the marriage contract, *Ketubah*, by the rabbi follows the exchange of the marriage vows. If requested, soft background music in the minor mode should be played during the Hebrew reading. Often this reading is followed by an English translation. During this reading, background music is not necessary.

The seven benedictions follow the reading of the marriage contract. Accompaniment is the I IV V chords of the major key. Most popular keys for the benedictions are F G A and Bb.

The wedding ceremony is concluded when the groom breaks a glass to commemorate the destruction of the Temple. The band should immediately begin the recessional music.

KLEZMER WEDDING DANCE
MEDLEY 1

OD YISHAMA

Traditional

עוֹד יִשָּׁמַע בְּעָרֵי יְהוּדָה
וּבְחוּצוֹת יְרוּשָׁלָיִם
קוֹל שָׂשׂוֹן וְקוֹל שִׂמְחָה
קוֹל חָתָן וְקוֹל כַּלָּה

OD YISHAMA

S. Carlebach

Od___ yi - sha - ma b'-a-rē___ Y' - hu - da
u - v'-chu - tsot u - v'-chu - tsot Y'-ru-sha-la - yim
kol sa-son v' - kol sim - cha___ kol cha-tan v' - kol ka - la___
kol sa-son v' - kol sim - cha___ kol cha-tan v' - kol ka - la

עוֹד יִשָּׁמַע בְּעָרֵי יְהוּדָה
וּבְחוּצוֹת יְרוּשָׁלָיִם
קוֹל שָׂשׂוֹן וְקוֹל שִׂמְחָה
קוֹל חָתָן וְקוֹל כַּלָּה

YASIS ALAYICH

B.Z. Shenker

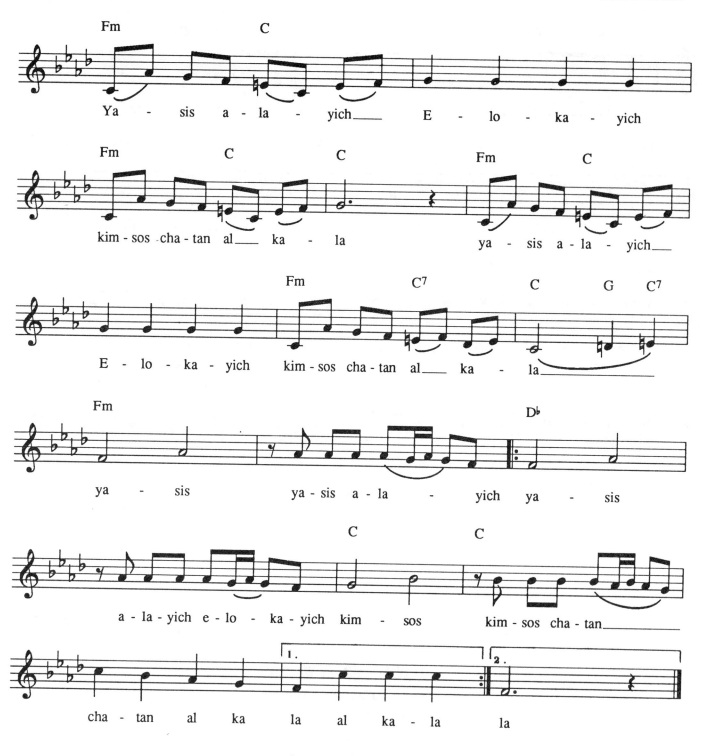

יָשִׂישׂ עָלַיִךְ אֱלֹהָיִךְ
כִּמְשׂוֹשׂ חָתָן עַל כַּלָּה

OSE SHALOM

N. Hirsh

O - se sha - lom bim - ro - mav
hu ya - a - se sha - lom a - lë - nu v' - al kol Yis - ra -
ël v' - im - ru im - ru A - mën
ya - a - se sha - lom ya - a - se sha - lom sha - lom a - lë - nu v' -
al kol Yis - ra - ël al kol Yis - ra - ël ya - a - se sha - lom
ya - a - se sha - lom sha - lom a - lë - nu v' - al kol Yis - ra - ël

עֹשֶׂה שָׁלוֹם בִּמְרוֹמָיו
הוּא יַעֲשֶׂה שָׁלוֹם עָלֵינוּ
וְעַל כָּל יִשְׂרָאֵל וְאִמְרוּ אָמֵן

VAY'HI BISHURUN MELECH

Traditional

Va - y' - hi bi - shu - run me - lech b' - his - a - sëf ro - shë am
ya - chad ya - chad
shiv - të Yis - ra - ël va - y' -
shiv - të Yis - ra - ël
od yi - sha - ma b' - a - rë y' - hu - da
u - v' - chu - tsot
Y' - ru - sha - la - yim
ru - sha - la - yim

וַיְהִי בִשֻׁרוּן מֶלֶךְ
בְּהִתְאַסֵּף ראשֵׁי עָם
יַחַד שִׁבְטֵי יִשְׂרָאֵל
עוֹד יִשָּׁמַע בְּעָרֵי יְהוּדָה
וּבְחוּצוֹת יְרוּשָׁלָיִם
קוֹל שָׂשׂוֹן וְקוֹל שִׂמְחָה
קוֹל חָתָן וְקוֹל כַּלָּה

ASHER BARA

Traditional

A - sher ba - ra sa - son v' - sim - cha cha - tan v' - cha - la
a - sher ba - ra sa - son v' - sim - cha cha - tan v' - ka - la gi - la ri - na
di - tza v' - ched va a - ha - va v' - a - cha - va v' - sha - lom v' - rë - ut

אֲשֶׁר בָּרָא שָׂשׂוֹן וְשִׂמְחָה חָתָן וְכַלָּה
גִּלָה רִנָּה דִיצָה וְחֶדְוָה
אַהֲבָה וְאַחֲוָה וְשָׁלוֹם וְרֵעוּת

Y'VARECH'CHA

D. Weinkranz

יְבָרֶכְךָ ה' מִצִיּוֹן וּרְאֵה בְּטוּב יְרוּשָׁלָיִם
יְבָרֶכְךָ ה' מִצִיּוֹן כָּל יְמֵי חַיֶּיךָ
וּרְאֵה בָנִים, בָנֶיךָ שָׁלוֹם עַל יִשְׂרָאֵל

KOZATZKE

CEREMONY A

Al Kol Ele /15

El Ginat Egoz /16

Dodi Li /17

Dodi Li /18

AL KOL ELE

N. Shemer

עַל הַדְּבַשׁ וְעַל הָעוֹקֶץ עַל הַמַּר וְהַמָּתוֹק
עַל בִּתֵּנוּ הַתִּינוֹקֶת שְׁמוֹר אֵלִי הַטּוֹב
עַל הָאֵשׁ הַמְּבוֹעֶרֶת עַל הַמַּיִם הַזַּכִּים
עַל הָאִישׁ הַשָּׁב הַבַּיְתָה מִן הַמֶּרְחַקִּים
עַל כָּל אֵלֶּה, עַל כָּל אֵלֶּה
שְׁמוֹר נָא לִי אֵלִי הַטּוֹב

עַל הַדְּבַשׁ וְעַל הָעוֹקֶץ
עַל הַמַּר וְהַמָּתוֹק
אַל נָא תַּעֲקוֹר נָטוּעַ
אַל תִּשְׁכַּח אֶת הַתִּקְוָה
הֲשִׁיבֵנוּ וְאָשׁוּבָה
אֶל הָאָרֶץ הַטּוֹבָה

EL GINAT EGOZ

S. Levi

El gi - nat e - goz ya - ra - d'-ti lir - ot b'- i - bë ha - na -
chal lir - ot ha - fa - r'- cha ha - ge - fen hë - në - tzu ha - ri - mo - nim

אֶל גִּנַּת אֱגוֹז יָרַדְתִּי
לִרְאוֹת בְּאִבֵּי הַנָּחַל
לִרְאוֹת הֲפָרְחָה הַגֶּפֶן
הֵנֵצוּ הָרִמּוֹנִים

DODI LI

N. Chen

Do - di li va - a - ni lo ha - ro - e
ba - sho - sha - nim mi zot o - la min ha - mid - bar
m' - ku - te - ret mor mor u - l' - vo - na
mi zot o - la
mor u - l' - vo - na l - bav - ti - ni
a - cho - ti ka - la li - bav - ti - ni ka - la
u - ri tza - fon u - vo - i - të - man

דוֹדִי לִי וַאֲנִי לוֹ
הָרוֹעֶה בַּשּׁוֹשַׁנִּים
מִי זֹאת עוֹלָה מִן הַמִּדְבָּר
מִי זֹאת עוֹלָה
מְקֻטֶּרֶת מוֹר מוֹר וּלְבוֹנָה

לִבַּבְתִּינִי אֲחוֹתִי כַלָּה
לִבַּבְתִּינִי כַלָּה

עוּרִי צָפוֹן וּבוֹאִי תֵימָן

DODI LI

S. Sher

Do - di li va - a - ni lo ha - ro - e
ba - sho - sha - nim do - di li mi
m' - ku -
zot o - la min ha - mid - bar mi
te - ret mor mor u - l' - vo - na mor u -
zot o - la min ha - mid - bar
l' - vo - na do - di li

דוֹדִי לִי וַאֲנִי לוֹ
הָרוֹעֶה בַּשּׁוֹשַׁנִּים
מִי זֹאת עוֹלָה מִן הַמִּדְבָּר
מִי זֹאת עוֹלָה
מְקֻטֶּרֶת מוֹר מוֹר וּלְבוֹנָה

KLEZMER WEDDING DANCE
MEDLEY 2

Artsa Alinu /20

Hava Nagila /21

Shmelkie's Nigun /22

Ketsad M'rakdin /22

Am Yisrael Chai /23

Dayenu /24

Uva'u Ha'ovdim /25

Rad Halaila /26

David Melech Yisrael /27

V'haer Enenu /28

Ele Chamda Libi /29

Sisu Et Y'rushalayim /30

Tzena Tzena /31

Harachaman /32

ARTSA ALINU

Folksong

Ar - tsa a - li - nu   ar - tsa a - li - nu   ar - tsa a - li - nu

k'var cha - rash - nu   v'- gam za - ra - nu   k'var cha - rash - nu   v'- gam za - ra - nu

a - val od lo ka - tsar - nu   a - val od lo ka - tsar - nu

אַרְצָה עָלִינוּ
כְּבָר חָרַשְׁנוּ וְגַם זָרַעְנוּ
אֲבָל עוֹד לֹא קָצַרְנוּ

HAVA NAGILA

Hassidic

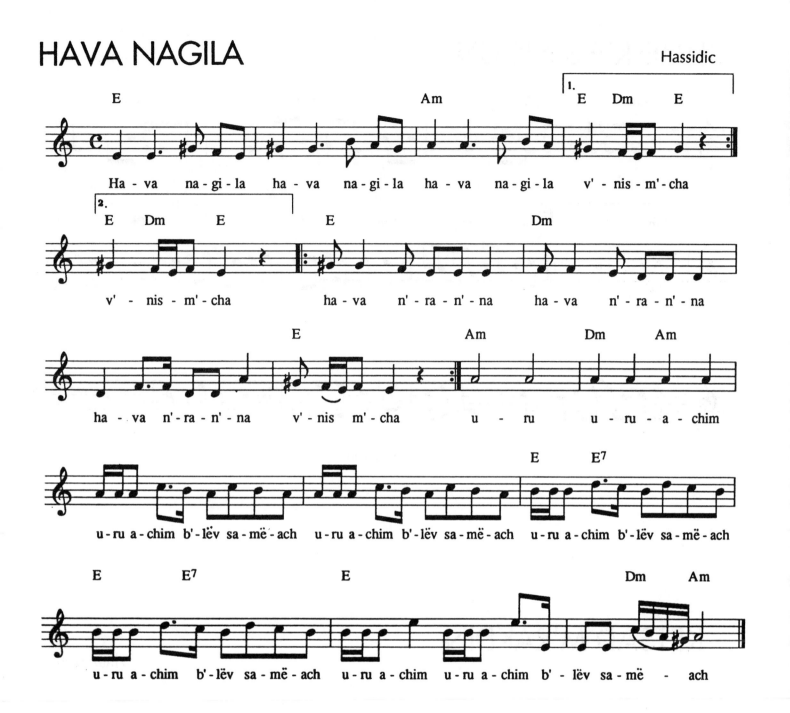

הָבָה נָגִילָה וְנִשְׂמְחָה

עורו אַחִים בְּלֵב שָׂמֵחַ

SHMELKIE'S NIGUN

S. Brazil

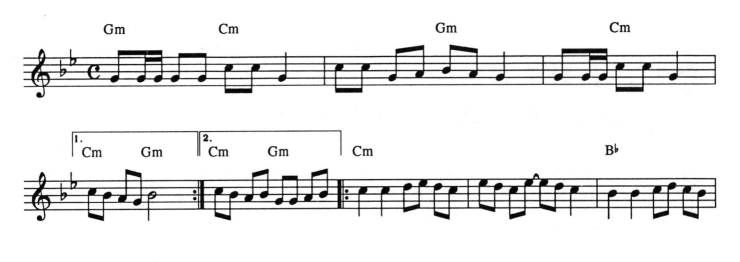

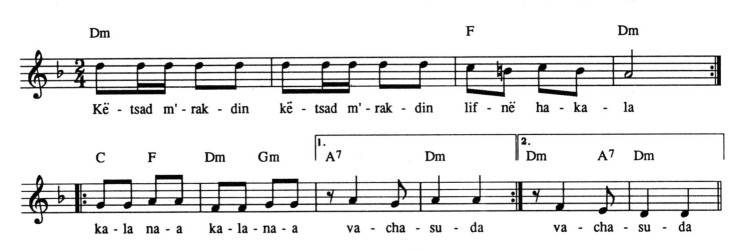

©by the author

KETSAD M'RAKDIN

Traditional

Kë - tsad m' - rak - din kë - tsad m' - rak - din lif - në ha - ka - la

ka - la na - a ka - la - na - a va - cha - su - da va - cha - su - da

AM YISRAEL CHAI

S. Rockoff

עַם יִשְׂרָאֵל חַי
עוֹד אָבִינוּ חַי

DAYENU

Folktune

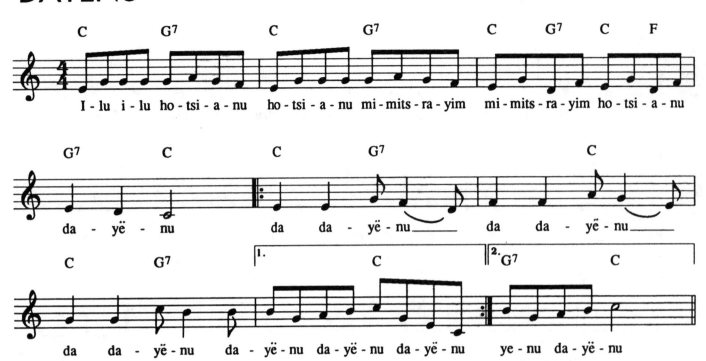

אִילוּ הוֹצִיאָנוּ מִמִּצְרַיִם דַּיֵּנוּ

UVA'U HA'OVDIM

S. Carlebach

U-va-u ha-ov-dim b'-e-rets a-shur v'-ha-ni-da-chim b'-e-rets mits-ra-yim
v'-hish-ta-cha-vu la-shem b'-har ha-ko-desh v'-hish-ta-cha-vu la-shem b'-har ha-ko-desh
v'-hish-ta-cha-vu la-shem b'-har ha-ko-desh v'-hish-ta-cha-vu la-shem
b'-har ha-ko-desh bi-ru-sha-la-pyim bi-ru-sha-la-yim bi-
ru-sha-la-yim bi-ru-sha-la-yim bi-lim

וּבָאוּ הָאוֹבְדִים בְּאֶרֶץ אַשּׁוּר
וְהַנִּדָּחִים בְּאֶרֶץ מִצְרָיִם
וְהִשְׁתַּחֲווּ לַה' בְּהַר הַקֹּדֶשׁ בִּירוּשָׁלַיִם

RAD HALAILA

Hassidic Melody
Y. Orland

Rad ha - lai - la rav shi - re - nu ha - bo - ke - a la - sha - ma - yim
shu - vi shu - vi ho - ra - te - nu m' - chu - de - shet shiv - a - ta - yim
shu - vi shu - vi v' - na - sov ki dar - ke - nu en la sof ki od nim - she - chet ha - shal - she - let
ki li - be - nu lev e - chad me - o - lam v' - a - de ad ki od nim - she - chet ha - shal - she - let
la la la la la etc.

רַד הַלַּיְלָה רַב שִׁירֵנוּ הַבּוֹקֵעַ לַשָּׁמַיִם
שׁוּבִי שׁוּבִי הוֹרָתֵנוּ מְחֻדֶּשֶׁת שִׁבְעָתַיִם
שׁוּבִי שׁוּבִי וְנָסֹב כִּי דַרְכֵּנוּ אֵין לָהּ סוֹף
כִּי עוֹד נִמְשֶׁכֶת הַשַּׁלְשֶׁלֶת
כִּי לִבֵּנוּ לֵב אֶחָד מֵעוֹלָם וַעֲדֵי עַד
כִּי עוֹד נִמְשֶׁכֶת הַשַּׁלְשֶׁלֶת

DAVID MELECH YISRAEL

Folktune

Da - vid me - lech Yis - ra - ël chai chai
v' - ka - yam Da - vid me - lech Yis - ra - ël chai chai v' - ka -
Da - vid me - lech Yis - ra - ël chai chai v' - ka - yam

דָוִד מֶלֶךְ יִשְׂרָאֵל חַי וְקַיָּם

V'HAER ENENU

S. Carlebach

V'-ha-ër ë-në-nu b'-to-ra-te-cha v'-da-bëk li-bë-nu b'-mitz-vo-te-cha v'-ya-chëd l'-va-vë-nu l'-a-ha-va ul'-yir-a et sh'-me-cha v'-et sh'-me-cha she-lo___ në-vosh v'-lo ni-ka-lëm v'-lo___ ni-ka-shël___ l'-o-lam v a-ed she-ed v'-

וְהָאֵר עֵינֵינוּ בְּתוֹרָתֶךָ וְדַבֵּק לִבֵּנוּ בְּמִצְוֹתֶיךָ
וְיַחֵד לְבָבֵנוּ לְאַהֲבָה וּלְיִרְאָה אֶת שְׁמֶךָ
שֶׁלֹּא נֵבוֹשׁ וְלֹא נִכָּלֵם וְלֹא נִכָּשֵׁל לְעוֹלָם וָעֶד

ELE CHAMDA LIBI

Traditional

אֵלֶה חָמְדָה לִבִּי
וְחוּסָה נָא וְאַל תִּתְעַלֵּם

SISU ET Y'RUSHALAYIM

A. Nof

שִׂישׂוּ· אֶת יְרוּשָׁלַיִם גִּילוּ· בָהּ
גִּילוּ· בָהּ כָּל אוֹהֲבֶיהָ כָּל אוֹהֲבֶיהָ

עַל חוֹמוֹתַיִךְ עִיר דָּוִד הִפְקַדְתִּי שׁוֹמְרִים
כָּל הַיּוֹם וְכָל הַלַּיְלָה

אַל תִּירָא וְאַל תֵּחַת עַבְדִּי יַעֲקֹב
כִּי יָפוּצוּ מְשַׂנְאֶיךָ מִפָּנֶיךָ. שִׂישׂוּ....

שְׂאִי סָבִיב עֵינַיִךְ וּרְאִי כֻּלָּם
נִקְבְּצוּ וּבָאוּ לָךְ. שִׂישׂוּ....

וְעַמֵּךְ כֻּלָּם צַדִּיקִים
לְעוֹלָם יִירְשׁוּ אָרֶץ. שִׂישׂוּ....

TZENA, TZENA

I. Miron
J. Grossman

Tze-na tze-na tze-na tze-na ha-ba-not ur'-e-na cha-ya-lim ba-mo-sha-
Al na al na al na al na al na tit-cha-be-na mi-ben cha-yil ish ta-
va Tze-na tze-na ha-ba-not ur'-e-na cha-ya-lim ba-mo-sha-
va Al na al na al na tit-cha-be-na mi-ben cha-yil ish tza-
va va tze-na tze-na tze-na tze-na tze-na
tze-na tze-na tze-na tze-na tze-na tze-na tze-na tze-na tze-na

צְאֶנָה הַבָּנוֹת וּרְאֶינָה
חַיָלִים בַּמּוֹשָׁבָה
אַל נָא תִתְחַבֶּאנָה
מִבֶּן חַיִל אִישׁ צָבָא

HARACHAMAN

C. Kirsch

הָרַחֲמָן הוּא יִשְׁלַח לָנוּ
אֶת אֵלִיָּהוּ הַנָּבִיא זָכוּר לַטּוֹב
וִיבַשֶּׂר לָנוּ בְּשׂוֹרוֹת טוֹבוֹת
יְשׁוּעוֹת וְנֶחָמוֹת

CEREMONY B

EREV SHEL SHOSHANIM

J. Hadar

Dm G Gm Dm
E - rev shel sho - sha - nim ne - tze na el ha - bus - tan
Gm G7 C Am Dm Dm G
mor b' - sa - mim u - l' - vo - na l' - rag - lech mif - tan lai - la yo - red l' - at v' -
Gm Dm Gm Dm C Dm
ru - ach sho - shan nosh - va ha - va el - chash lach shir ba - lat ze - mer shel a - ha - va

עֶרֶב שֶׁל שׁוֹשַׁנִּים נֵצֵא נָא אֶל הַבֻּסְתָּן
מוֹר בְּשָׂמִים וּלְבוֹנָה לְרַגְלֵךְ מִפְתָּן
לַיְלָה יוֹרֵד לְאַט שׁוֹשַׁן נוֹשְׁבָה
הָבָה אֶלְחַשׁ לָךְ שִׁיר בַּלָּאט
זֶמֶר שֶׁל אַהֲבָה

EREV BA

A. Levanon
O. Avissar

Shuv ha - ë - der no - hër bim - vo - ot___ ha -
k'far v' - o - le ha - a - vak
mish - vi - lë___ a - far v' - har - chĕk od
tze - med in - ba - lim m' - la - ve et me - shech ha - tzla - lim
e - rev ba e - rev ba

שוּב הָעֵדֶר נוֹהֵר בִּמְבוֹאוֹת הַכְּפָר
וְעוֹלֶה הָאָבָק מִשְׁבִילֵי עָפָר
וְהַרְחֵק עוֹד צֶמֶד עִנְבָּלִים
מְלַוֶּה אֶת מֶשֶׁךְ הַצְּלָלִים
עֶרֶב בָּא עֶרֶב בָּא

HANA'AVA BABANOT

A. Neeman

הַנָּאוָה בַּבָּנוֹת
אָנָּא הָאִירִי פָּנַיִךְ אֵלַי
בּוֹא דוֹדִי כִּי יָפִיתָ
אַף נָעַמְתָּ לִי מְאֹד
שְׁלַח יָדְךָ וְחַבְּקֵנִי
אַמְּצֵנִי עוֹד וָעוֹד

K'VAR ACHARE CHATSOT

N. Hirsh

כְּבָר אַחֲרֵי חֲצוֹת עוֹד לֹא כִּיבּוּ אֶת הַיָּרֵחַ
כִּי לִפְנֵי כִּבּוּי אוֹרוֹת, אוֹרוֹת שֶׁל כּוֹכָבִים
נוֹתְנִים עוֹד רֶגַע קָט לָאֹהֲבִים

מָחָר יִהְיֶה זֶה יוֹם חָדָשׁ
וּמַה אֶפְשָׁר מִיּוֹם חָדָשׁ כְּבָר לְצַפּוֹת
אָז תֵּן לָנוּ עוֹד רֶגַע, רַק עוֹד רֶגַע
אַף עַל פִּי שֶׁכְּבָר אַחֲרֵי חֲצוֹת

כְּבָר אַחֲרֵי חֲצוֹת עוֹד לֹא הִדְלִיקוּ אֶת הַבֹּקֶר
כִּי לִפְנֵי שֶׁמְּנַקִּים אֶת הָאֶתְמוֹל מִן הָרְחוֹבוֹת
נוֹתְנִים עוֹד רֶגַע קָט לָאֹהֲבוֹת
מָחָר יִהְיֶה.........

כְּבָר אַחֲרֵי חֲצוֹת עוֹד לֹא הִדְלִיקוּ אֶת הַשֶּׁמֶשׁ
כִּי לִפְנֵי שֶׁמְּחַלְּקִים אֶת הָעִתּוֹן וְהֶחָלָב
נוֹתְנִים לָנוּ עוֹד רֶגַע שֶׁנֹּאהַב
מָחָר יִהְיֶה.........

ISRAELI DANCE MEDLEY

ZEMER ATIK

A. Neeman
M. Kashtan

Od na-shu-va el ni-gun a-tik v'-ha-ze-mer yif v'-ye-e-rav
od ga-vi-a m'-shu-mar na-shik na-shik a-li-zë ë-na-yim v'-lë-vav
to-vu to-vu o-ha-lë-nu ki ha-ma-chol hif-tsi-a
to-vu to-vu o-ha-lë-nu od na-shu-va el ni-gun a-tik

עוד נָשׁוּבָה אֶל נִגּוּן עָתִיק
וְהַזֶּמֶר יִיף וְיֶעֱרַב
עוד גָּבִיעַ מְשׁוּמָּר נָשִׁיק נָשִׁיק
עָלְזֵי עֵינַיִם וְלֵבָב
טוּבוּ טוּבוּ אֹהָלֵינוּ כִּי הַמָּחוֹל הִפְצִיעַ
טוּבוּ טוּבוּ אֹהָלֵינוּ
עוד נָשׁוּבָה אֶל נִגּוּן עָתִיק

HINE MA TOV

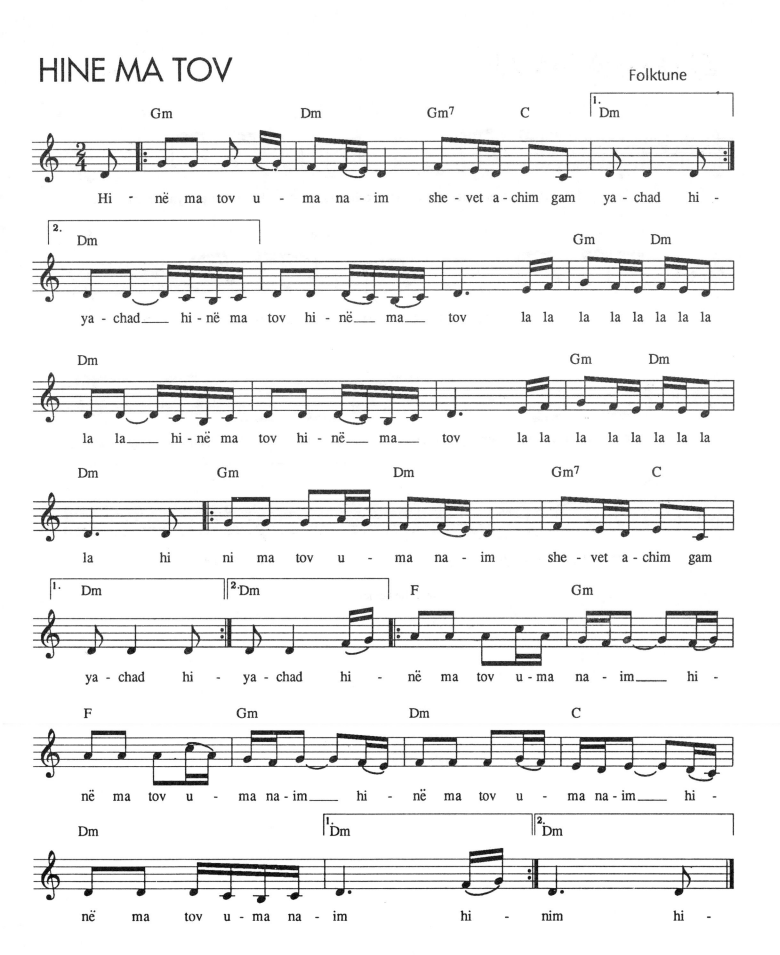

Folktune

הִנֵּה מַה טּוֹב וּמַה נָּעִים
שֶׁבֶת אַחִים גַּם יָחַד

TZADIK KATAMAR

A. Neeman

Tza - dik ka - ta - mar yif - rach yif - rach tza - dik ka - ta - mar yif - rach tza -
dik ka - ta - mar yif - rach yif - rach tza - dik ka - ta - mar yif - rach k' -
e - rez bal - va - non yis - ge k' - e - rez bal - va - non yiz - ge k' -
e - rez bal - va - non yis - ge yis - ge k' - ge

צַדִּיק כַּתָּמָר יִפְרָח
כְּאֶרֶז בַּלְּבָנוֹן יִשְׂגֶּה

42

MAYIM, MAYIM

E. Amiran

Ush' - av - tem ma - yim b' - sa - son___ mi - mai - në ha - y' - shu - a ush' - av - tem ma - yim

b' - sa - son___ mi - mai - në ha - y' - shu - a ma - yim ma - yim ma - yim ma - yim hey ma - yim

b' - sa - son ma - yim ma - yim ma - yim ma - yim hey ma - yim b' - sa - son hey hey

hey hey ma - yim ma - yim ma - yim ma - yim ma - yim ma - yim

b' - sa - son ma - yim ma - yim ma - yim ma - yim ma - yim ma - yim b' - sa - son

וּשְׁאַבְתֶּם מַיִם בְּשָׂשׂוֹן מִמַּעַיְנֵי הַיְשׁוּעָה

SHIBOLET BASADE

M. Shelem

Dm Gm Dm Gm Dm C
Shi - bo - let ba - sa - de ko - r' - a ba - ru - ach më - o - mes gar - i - nim ki
u - v' - mer - chav ha - rim yom k' - var ya - fu - ach ha - she - mesh ke - tem v' - za -
Dm F F
rav
hav u - ru hoy u - ru shu - ru b'në kfa - rim ka -
Dm Gm
ma hën bash - la k'var al p'në ha - ka - rim ki - ts' - ru shil chu ma - gal
B♭ Gm
et re - sheet ha - ka - tsir

שִׁבֹּלֶת בַּשָּׂדֶה כּוֹרְעָה בָּרוּחַ
מֵעֹמֶס גַּרְעִינִים כִּי רָב
וּבְמֶרְחַב הָרִים יוֹם כְּבָר יָפוּחַ
הַשֶּׁמֶשׁ כֶּתֶם וְזָהָב
עוּרוּ הוֹי עוּרוּ
שׁוּרוּ בְּנֵי כְפָרִים
קָמָה הֵן בָּשְׁלָה כְּבָר
עַל פְּנֵי הַכָּרִים
קִצְרוּ שִׁלְחוּ מַגָּל
עֵת רֵאשִׁית הַקָּצִיר

HARMONIKA

Folktune

Hey har-mo-ni-ka nag - ni__ li she - yir - ad kol tslil
et ha - ho - ra she - ra - kad - nu ya - chad ba - ga - lil .
hey har - mo - ni - ka nag - ni li she - yir - ad kol
tslil__________ et ha - ho - ra she - ra - kad - nu
ya - chad ba - ga - lil ho - ra ho - ra ho - ra she - ra - kad - nu ya - chad
od___ niz - ko - ra et ha - ho - ra she - ra - kad -
ho - ra she - ra - kad - nu ya - chad ba - ga - lil ya - chad ba - ga - lil

הֵי הַרְמוֹנִיקָה נַגְּנִי לִי
שֶׁיִּרְעַד כָּל צְלִיל
אֶת הַהוֹרָה שֶׁרָקַדְנוּ
יַחַד בַּגָּלִיל
הוֹרָה הוֹרָה
שֶׁרָקַדְנוּ יַחַד בַּגָּלִיל
עוֹד נִזְכֹּרָה
אֶת הַהוֹרָה
שֶׁרָקַדְנוּ יַחַד בַּגָּלִיל

HARO'A HAKTANA

M. Wilensky
R. Elias

Ka - a sher të - a tsëm - na ë - nai v'- esh kach___ et ed - ri v' - yo -
nai od ez - kor od ez - kor___ y' - di - dai ha - ro - a___hak - ta - na min___ ha -
gai ko - cha - vim yid - a - chu___ më - a - lai___ v' - pha -
cho - shëch y' - chas___ et cha - yai ach a - ni od er - e l' - fa -
nai ha - ro - a hak - ta - na - min ha - gai ho

כַּאֲשֶׁר תֵּעָצֵמְנָה עֵינַי
וְאֶשְׁכַּח אֶת עֶדְרִי וְיוֹנַי
עוֹד אֶזְכֹּר יְדִידַי
הָרוֹעָה הַקְּטַנָּה מִן הַגַּיְא
כּוֹכָבִים יִדְאֲכוּ מֵעָלַי
וְהַחֹשֶׁךְ יְכַס אֶת חַיַּי
אַךְ אֲנִי עוֹד אֶרְאֶה לְפָנַי
הָרוֹעָה הַקְּטַנָּה מִן הַגַּיְא

HORA MAMTERA

M. Wilensky

Am
ma - yim ge - shem mi - sha - ma - yim

רֹן קָלוּחַ בְּצִנּוֹר צִנּוֹרוֹת- עוֹרְקֵי הַנֶּגֶב
זֶה דַּרְכּוֹ שֶׁל הַמִּזְמוֹר מִן הַכֶּרֶז אֶל הָרֶגֶב
יַעֲלוּ מֵימֵי תְהוֹם מַשְׁאֵבָה אוֹמֶרֶת לֶחֶם
נֶגֶב נֶגֶב מַה מִּיּוֹם? נֶגֶב מַמְטֵרוֹת עָלֶיךָ!
סֹבִּי סֹבִּי מַמְטֵרָה! לְפַזֵּר פְּנִינֵי אוֹרָה
סֹבִּי וְהַתִּיזִי מַיִם
עֵץ יָרִיעַ בְּשְׂדֵרָה אֲדָמָה תִּתֵּן פִּרְיָהּ
בְּאֵין גֶּשֶׁם מִשָּׁמַיִם

OD LO AHAVTI DAI

N. Shemer

B' - ë - le ha - ya - da - yim od lo ba - ni - ti k'far od
lo ma - tza - ti ma - yim b' - em - tza ha - mid - bar od lo tzi - ar - ti pe - rach od
lo gi - li - ti ëch to - vil o - ti ha - de - rech ul' - an a - ni ho - lëch
a - ai od lo a - hav - ti dai ha - ru - ach v' - ha - she - mesh
al pa - nai ai od lo a - mart - ti dai v' -
im lo im lo ach - shav ë - ma - tai

בְּאֵלֶּה הַיָּדַיִם עוֹד לֹא בָּנִיתִי כְּפָר
עוֹד לֹא מָצָאתִי מַיִם בְּאֶמְצַע הַמִּדְבָּר
עוֹד לֹא צִיַּרְתִּי פֶּרַח עוֹד לֹא גִילִּיתִי אֵיךְ
תּוֹבִיל אוֹתִי הַדֶּרֶךְ וּלְאָן אֲנִי הוֹלֵךְ
אַי- עוֹד לֹא אָהַבְתִּי דַּי
הָרוּחַ וְהַשֶּׁמֶשׁ עַל פָּנַי
אַי- עוֹד לֹא אָמַרְתִּי דַּי
וְאִם לֹא עַכְשָׁיו אֵימָתַי

CEREMONY C

Y'DID NEFESH

S. & E. Zweig

יְדִיד נֶפֶשׁ אָב הָרַחֲמָן
מְשׁוֹךְ עַבְדְּךָ אֶל רְצוֹנֶךָ
יָרוּץ עַבְדְּךָ כְּמוֹ אַיָּל

יִשְׁתַּחֲוֶה אֶל מוּל הֲדָרֶךָ
יֶעֱרַב לוֹ יְדִידוֹתֶיךָ
מִנּוֹפֶת צוּף וְכָל טָעַם

JERUSALEM OF GOLD

N. Shemer

A - vir ha - rim tsa - lul ka - ma - yim v' - rē - ach o - ra -
tar - dē - mat i - lan va - e - ven sh'vu - ya ba - cha - lo -
nim ni - sa b' - ru - ach ha - ar - ba - yim im kol pa - a - mo -
ma ha - ir a - sher ba - dad yo - she - vet u - b' - li - ba cho
nim uv - ma Y' - ru - sha - la - yim shel za - hav v' - shel n' - cho - shet v' - shel
last time to *
or ha - lo l' - chol shi - ra - yich a - ni ki - nor Y - ru - sha -
nor ra - yich a - ni ki - nor ki - nor

אֲוִיר הָרִים צָלוּל כַּיַּיִן וְרֵיחַ אוֹרָנִים
נִישָּׂא בְּרוּחַ הָעַרְבַּיִם עִם קוֹל פַּעֲמוֹנִים
וּבְתַרְדֵּמַת אִילָן וָאֶבֶן שְׁבוּיָה בַּחֲלוֹמָהּ
הָעִיר אֲשֶׁר בָּדָד יוֹשֶׁבֶת וּבְלִבָּהּ חוֹמָה

יְרוּשָׁלַיִם שֶׁל זָהָב וְשֶׁל נְחֹשֶׁת וְשֶׁל אוֹר
הֲלֹא לְכָל שִׁירַיִךְ אֲנִי כִּנּוֹר

חָזַרְנוּ אֶל בּוֹרוֹת הַמַּיִם לַשּׁוּק וְלַכִּכָּר
שׁוֹפָר קוֹרֵא בְּהַר הַבַּיִת בָּעִיר הָעַתִּיקָה
וּבַמְּעָרוֹת אֲשֶׁר בַּסֶּלַע אַלְפֵי שְׁמָשׁוֹת זוֹרְחוֹת
וְשׁוּב נֵרֵד אֶל יַם הַמֶּלַח בְּדֶרֶךְ יְרִיחוֹ.
יְרוּשָׁלַיִם שֶׁל זָהָב..........

אַךְ בְּבוֹאִי הַיּוֹם לָשִׁיר לָךְ וְלָךְ לִקְשׁוֹר כְּתָרִים
קָטֹנְתִּי מִצְּעִיר בָּנַיִךְ וּמֵאַחֲרוֹן הַמְשׁוֹרְרִים
כִּי שְׁמֵךְ צוֹרֵב אֶת הַשְּׂפָתַיִם כִּנְשִׁיקַת שָׂרָף
אִם אֶשְׁכָּחֵךְ יְרוּשָׁלַיִם אֲשֶׁר כֻּלָּהּ זָהָב
יְרוּשָׁלַיִם שֶׁל זָהָב..........

CHORSHAT HA'EKALIPTUS

N. Shemer

כְּשֶׁאִמָּא בָּאָה הֵנָּה יָפָה וּצְעִירָה
אָז אַבָּא עַל גִּבְעָה בָּנָה לָהּ בַּיִת
חָלְפוּ הָאֲבִיבִים חֲצִי מֵאָה עָבְרָה
וְתַלְתַּלִּים הָפְכוּ שֵׂיבָה בֵּינְתַיִם

אֲבָל עַל חוֹף יַרְדֵּן כְּמוֹ מְאוּמָה לֹא קָרָה
אוֹתָהּ הַדּוּמִיָּה וְגַם הַתִּפְאוֹרָה
חוֹרְשַׁת הָאֵקָלִיפְּטוּס הַגֶּשֶׁר הַסִּירָה
וְרֵיחַ הַמָּלוּחַ עַל הַמַּיִם

HITRAGUT

Oriental Melody

אִם יֵשׁ אֵי-שָׁם רָחוֹק נָוֶה קָטָן שָׁקֵט
וְלֹא גְזוּזְטְרָה שֶׁל עֵץ וְעַל יָדָהּ שָׁקֵד
אִם יֵשׁ אֵי-שָׁם רָחוֹק וְלוּ מֵאוֹת פַּרְסָה
סַבְתָּה לְנֶכְדָתָהּ תָּשִׁיר עַרְשָׂךְ
כִּי אָז אָעוּף לְשָׁם בְּאַחַד הָעֲרָבִים
וְשׁוּב נִמְנֶה יַחְדָו מִסְפַּר הַכּוֹכָבִים

MEZINKA MEDLEY

MEZINKA

Folktune

OT AZOY

Folktune

M'CHUTENESTE MEINE

Folktune

M' - chu - të - nes - te mai - ne m' - chu - të - nes - te ge -
tra - ye Oy lo - mir zain oif ë - bik m' - chu - to -
nim oy, lo - mir zain oif e - bik m' - chu - to - nim ich gib aich a -
A
vek main toch - ter far a shnur zi zol bai aich nit
on - ve - rn dos po - nim po - nim

CHOSN KALAH MAZEL TOV

Traditional

SIMAN TOV

Traditional

Si - man tov u - ma - zal tov u - ma - zal tov v' - si - man tov

si - man tov u - ma - zal tov u - ma - zal tov v' - si - man tov   si - man tov u - ma - zal tov u -

ma - zal tov v' - si - man tov   y' - hё la - nu   y' - hё la - nu   y' -

hё_____ la - nu y' - hё la - nu   u - l' - chol Yis - ra -

ёl   y' - ёl   y' - hё_____ la - nu y' - hё - la - nu

u - l' - chol Yis - ra - ёl   y' - u - l' - chol Yis - ra - ёl

סִימָן טוֹב וּמַזָּל טוֹב
יְהֵא לָנוּ וּלְכָל יִשְׂרָאֵל

BASHANA HABA'A

N. Hirsh

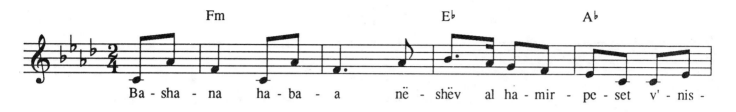

Ba - sha - na ha - ba - a në - shëv al ha - mir - pe - set v' - nis -

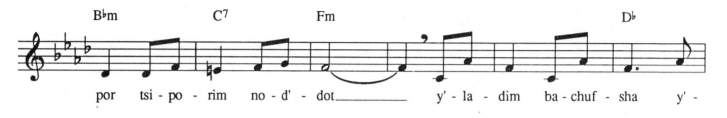

por tsi - po - rim no - d' - dot_____ y' - la - dim ba - chuf - sha y' -

sa - cha - ku to - fe - set bën ha - ba - yit u - vën ha - sa - dot_____ od tir -

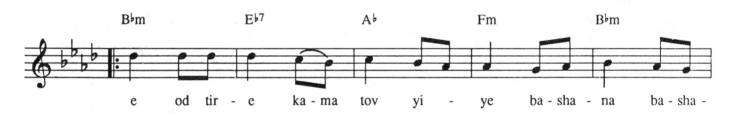

e od tir - e ka - ma tov yi - ye ba - sha - na ba - sha -

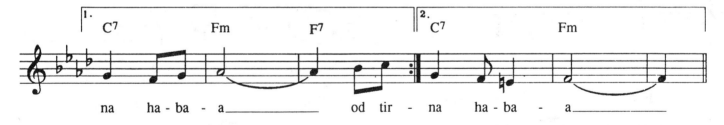

na ha - ba - a_____ od tir - na ha - ba - a_____

בַּשָּׁנָה הַבָּאָה נֵשֵׁב עַל הַמִּרְפֶּסֶת

וְנִסְפֹּר צִפֳּרִים נוֹדְדוֹת

יְלָדִים בְּחֻפְשָׁה יְשַׂחֲקוּ תּוֹפֶסֶת

בֵּין הַבַּיִת לְבֵין הַשָּׂדוֹת

עוֹד תִּרְאֶה עוֹד תִּרְאֶה

כַּמָה טוֹב יִהְיֶה

בַּשָּׁנָה בַּשָּׁנָה הַבָּאָה

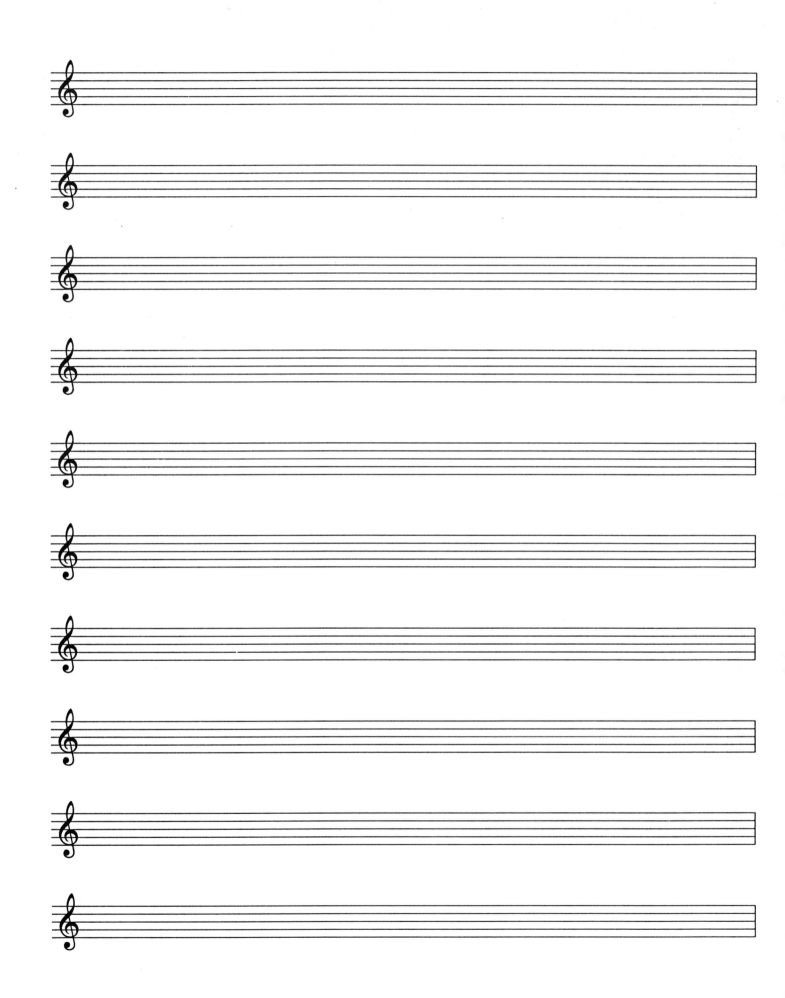

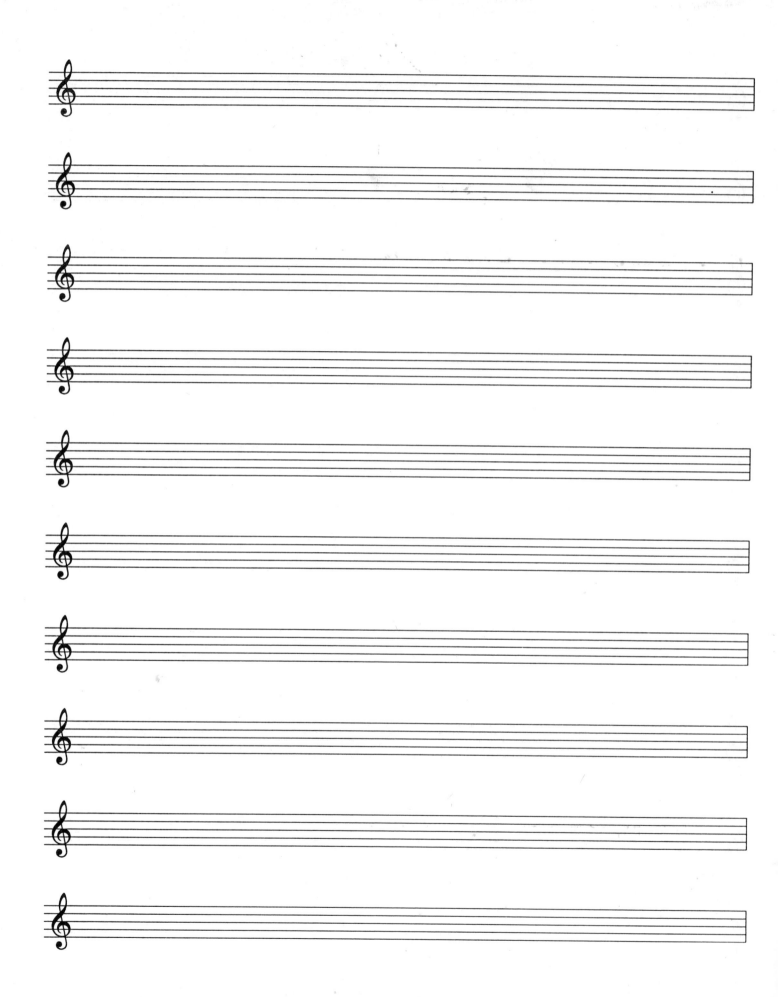